AGRICULTURE FLAMANDE.

# RECHERCHES
# SUR L'ENGRAIS FLAMAND

## SON EMPLOI DANS LA CULTURE DES TERRES.

Par B$^{in}$ CORENWINDER,

Membre de la Société Impériale des Sciences, de l'Agriculture
et des Arts de Lille.

LILLE,
IMPRIMERIE DE L. DANEL

1866

AGRICULTURE FLAMANDE.

# RECHERCHES
# SUR L'ENGRAIS FLAMAND;

SON EMPLOI DANS LA CULTURE DES TERRES [1];

Par B<sup>in</sup> CORENWINDER,

Membre de la Société des Sciences, de l'Agriculture et des Arts de Lille.

On a dit souvent, et cette vérité est devenue vulgaire, que l'avancement et le progrès de l'agriculture dépendent particulièrement du soin avec lequel on recueille les matières fertilisantes. Propager l'emploi des engrais, éviter leur déperdition, c'est contribuer au soulagement de ses semblables, à l'amélioration de leur condition matérielle et même de leur condition morale ; car la misère est mauvaise conseillère et elle engendre plus de vices encore que la convoitise et l'ambition.

Je crois donc accomplir une œuvre sérieuse en démontrant

---

1 — Extrait des Mémoires de la Société Impériale des Sciences, de l'Agriculture et des Arts de Lille, année 1865, IIIe. série, 2e. volume.

aux cultivateurs qu'il leur importe d'utiliser dans leur exploitation, toutes les fois que les circonstances le permettent, les engrais liquides qu'on peut se procurer dans les centres de population, et en leur indiquant les moyens de tirer profit de ces engrais. Le haut degré de prospérité agricole auquel sont parvenues plusieurs contrées du département du Nord doit leur servir d'exemple et je puis attester qu'il n'est pas de sol auquel ne conviennent les déjections animales pourvu qu'elles soient employées avec discernement.

Parmi les causes qui retardent l'utilisation de l'engrais flamand en agriculture, il faut mettre en première ligne le dégoût instinctif que fait naître une matière fétide et nauséabonde. Mais il est assez remarquable que les pays où ce dégoût est plus prononcé sont ceux où les habitants des campagnes sont plus malpropres, soit sur leurs vêtements, soit dans leurs demeures.

Les propriétaires ruraux et les cultivateurs aisés du Nord de la France apportent un soin extrême à la conservation des engrais liquides. Non seulement ils en utilisent dans la grande culture, mais ils en versent encore, particulièrement en hiver, dans leurs jardins, au pied de leurs vignes, de leurs arbres à fruits; ils en réservent même pour arroser les plantes de fleurs; et cependant leurs habitations sont tenues avec un soin extrême; leurs salons sont meublés avec goût; il règne chez eux, sans aucun doute, plus d'ordre et de propreté que dans les habitations rurales de bien d'autres contrées de la France.

Dans la demeure agreste de l'ouvrier des champs on retrouve aussi cette propreté salutaire, surtout dans l'arrondissement de Dunkerque. La petite maison blanche est couverte d'un toit de pannes rouges qui reluisent au soleil; l'intérieur en est nettoyé avec ardeur tous les matins; les meubles, les ustensiles de cuivre, frottés par une main vigoureuse, brillent comme des miroirs; et la maîtresse du logis, riche de fraîcheur et de santé, entretient ses enfants avec des soins louables. Ces braves gens n'ont cependant aucune répugnance à utiliser l'engrais flamand : ils en mettent à profusion sur leurs pois, leurs choux, leurs carottes, etc.; aussi l'abondance de leurs récoltes se traduit pour eux en bien-être, souvent en prospérité.

Dans les grandes exploitations rurales, le même spectacle réjouit les regards. La laiterie est nettoyée tous les jours; les coins les plus obscurs en sont visités attentivement; les ustensiles en bois brillent d'une blancheur éclatante; aucune mauvaise odeur ne blesse l'odorat; les appartements, les cours, les étables sont l'objet des soins assidus de la fermière.

Les déjections humaines peuvent donc être employées comme engrais en tous pays, sans que la propreté ait a en souffrir. On ne doit pas craindre d'attester aussi que la santé elle-même n'en éprouve pas le moindre dommage. Ceux qui en doutent n'ont qu'à parcourir nos fertiles campagnes de la Flandre et visiter nos chaumières, nos fermes, nos chateaux.

Pour justifier leur incurie à l'égard des matières fertilisantes fournies par les vidanges des villes, des cultivateurs, des savants même, ont prétendu que ces matières donnent un mauvais goût et une odeur repoussante aux végétaux. C'est un préjugé que la sottise colporte et que l'ignorance accueille avec faveur. Bien loin d altérer le parfum des fleurs, elles communiquent à celles ci la propriété d'en exhaler davantage, parce que ces fleurs acquièrent par l'engrais une vigueur qui exalte leurs fonctions. Chaque année, en hiver, je fais fumer mes parcs de violettes avec de l'engrais flamand qu'on verse sur les plantes cultivées en lignes; on donne ensuite entre celles-ci un labour à la bêche et j'obtiens au printemps des fleurs admirables par leur vigueur et leur parfum. C'est, du reste, paraît-il, la méthode employée à Nice, pour cultiver la violette de Parme.

Dans une terre arrosée en hiver avec ce liquide, les reines marguerites deviennent majestueuses; les petits pois sont sucrés et délicats; les haricots donnent des fruits abondants; les choux-fleurs sont magnifiques et les asperges sortent de terre injectées d'une sève abondante et délicieuse.

Tous les ans, au mois de janvier ou de février, je fais verser au pied de chacune de mes vignes une vingtaine de litres de notre engrais, et j'obtiens constamment une récolte abondante de raisin qui ne le cède en rien pour la finesse du goût au meilleur raisin récolté dans le Nord. Toutes les personnes à qui j'en ai fait goûter sont demeurées convaincues que c'est par une prévention ridicule qu'on attribue aux excréments animaux la propriété de communiquer leur odeur spéciale aux fruits de la vigne. On peut en dire autant des autres arbres fruitiers.

Il n'est pas douteux du reste que l'engrais humain n'est pas absorbé en nature par les végétaux. Les molécules d'hydrogène, d'azote, de soufre et de phosphore, etc, qu'il contient, se modifient dans leur groupement en entrant dans la constitution des plantes et l'on ne doit pas avoir plus de répugnance pour ces molécules que si elles provenaient des excréments de la vache, du porc ou des gallinacées.

Les engrais n'agissent sur les plantes qu'après avoir été élaborés par les agents atmosphériques. On a remarqué que c'est lorsqu'ils ont été appliqués au sol depuis un certain temps que l'on obtient les produits les meilleurs et les plus abondants. Dès lors l'usage le plus convenable qu'on puisse faire de l'engrais liquide c'est de l'employer pendant l'hiver, surtout si l'on a en vue de fertiliser des terres fortes ou même des terres de consistance moyenne. En ce cas, il faut l'enterrer par un labour pour le soustraire à l'action des pluies. Les expériences de MM. Huxtable, Thompson, Th. Way, Boussingault, Brustlein etc., ont prouvé que les matières minérales qui forment la croûte superficielle du globe jouissent de la propriété précieuse de fixer les éléments organiques destinés à l'alimentation des végétaux. Sans faire intervenir, dans une pareille question, la philosophie des causes finales, on ne peut se défendre d'éprouver ce vif sentiment d'admiration qu'inspire souvent la prévoyante sollicitude de la nature.

On ne saurait, d'après ce qui précède, donner de meilleur conseil aux cultivateurs que de répandre l'engrais humain sur leurs champs en hiver, plutôt que dans une saison plus chaude. La déperdition, à cette époque, est peu considérable, à moins qu'on ne cultive des terres sablonneuses ; et l'on n'a plus à redouter l'influence imaginaire des principes immédiats de l'engrais ; puisque ces principes sont élaborés dans le sol. Il faudrait avoir perdu l'esprit pour en redouter encore les effets, après la métamorphose qu'ils ont subie.

Au surplus la manipulation de cette matière doit inspirer moins de dégoût par un temps froid, puisqu'elle répand alors moins d'odeur. Il est certain, en outre, que la volatilisation de l'ammoniaque est moindre en cette saison qu'au printemps, surtout si l'on a pu labourer après avoir répandu l'engrais.

Dans la grande culture, les bons cultivateurs ont constaté aussi qu'il est avantageux d'appliquer l'engrais flamand avant ou pendant l'hiver, surtout dans les sols compacts. Ils obtiennent de cette manière des betteraves riches en sucre, des tabacs de bonne qualité, des herbages succulents. Au contraire si l'on verse cette matière fertilisante, en été, sur les plantes en voie de développement, les betteraves sont médiocres et mûrissent tardivement, le tabac est d'une dessiccation difficile, les herbages ont moins de valeur. Dans quelques localités des environs de Lille, beaucoup de fermiers font répandre l'engrais humain au mois de septembre sur les terres qu'ils se proposent d'ensemencer en betteraves au mois d'avril suivant. Ils l'emploient dans la proportion raisonnable de 220 à 330 hectolitres à l'hectare. Après son aspersion sur le sol, ils y transportent du fumier, l'étendent et l'enterrent par un labour profond. Au printemps, ils donnent à la terre un labour léger, ainsi que les hersages nécessaires ; et sans la fumer davantage, ils sèment les betteraves.

ils obtiennent ainsi des racines de qualité satisfaisante pour le pays et des rendements de 60 à 70,000 kilog à l'hectare. Au contraire les fermiers qui abusent de l'engrais flamand et qui en répandent sur les betteraves en cours de végétation, récoltent ces racines dans des conditions déplorables pour l'industrie sucrière et souvent ils ont moins de rendement.

Il est donc rationnel, même dans la grande culture, de répandre, pendant l'hiver, l'engrais liquide sur le sol qu'on veut fumer et de l'y fixer par un labour le plus tôt possible. Cette méthode a de nombreux avantages et nul inconvénient. Si elle était suivie, on verrait disparaître bientôt ces préjugés puérils qui empêchent l'agriculteur de tirer parti de cette précieuse matière fertilisante ; préjugés que l'ignorance et la routine propagent et que l'orgueil et la sottise perpétuent [1].

## II.

On sait, dit M. Boussingault, que la qualité des matières fécales, comme engrais, dépend beaucoup de la nature et de l'abondance des aliments consommés par les individus qui les ont rendus. D'Arcet rapporte à ce sujet un fait curieux :

« Un agriculteur avait acheté le contenu des fosses d'aisances d'un restaurateur le plus en vogue du Palais-Royal ; encouragé par le succès qu'il obtint de leur emploi, il voulut en étendre l'application et se rendit adjudicataire des vidanges de plusieurs casernes de Paris. L'engrais de cette nouvelle acquisition ne

---

[1] — On a vu des écrivains anglais justifier l'incurie de leurs compatriotes à l'égard de l'engrais flamand, en prétextant que la dignité de l'homme lui fait un devoir de ne pas recueillir des matières aussi impures. Cultivateurs de la Flandre française, nous croyons qu'il est plus digne, et surtout plus honnête, de fertiliser nos terres avec les déjections de l'homme que de dévaster les champs de bataille pour faire des engrais avec les ossements des héros.

produisît plus l'effet qu'on en attendait, il en résulta des pertes. » [1]

Je crois que l'assertion de d'Arcet est un peu exagérée et que l'emploi des vidanges des casernes ne devait pas produire des résultats aussi fâcheux. Toutefois il n'est pas douteux que la composition chimique des excréments des hommes doit varier avec leur nourriture. On a remarqué déjà qu'il en est ainsi chez les animaux. Les déjections des vaches à l'engrais qui mangent des tourteaux sont plus épaisses et plus fertilisantes que celles qui proviennent des mêmes animaux nourris avec des pulpes ou des racines.

J'ai eu l'occasion du reste de faire une analyse qui confirme, en tenant compte de l'exagération, le fait annoncé par d'Arcet.

En 1863 j'ai analysé un échantillon d'engrais flamand [2] recueilli dans une fosse de la fabrique que j'exploite. Cette fosse est affectée exclusivement aux besoins naturels de mes ouvriers qui se nourrissent de peu de viande et de beaucoup de légumes et de pain.

De son côté, M. Girardin a fait connaître, en 1860, la composition chimique d'un échantillon d'engrais flamand que je lui avais procuré et qui venait d'une maison habitée par des personnes aisées, se nourrissant bien et consommant beaucoup de substances animales.

Je me suis assuré que ces matières excrémentitielles n'avaient reçu aucune addition de corps étrangers.

De la comparaison de ces deux analyses, on peut tirer une conséquence fort curieuse. Je vais les présenter en regard l'une de l'autre.

---

1. — M. Boussingault, *Economie rurale*, tome 1er, p. 792.

2. — L'engrais flamand est encore indiqué par nos cultivateurs sous le nom de gadoue, courte-graisse, tonneaux, etc. (le contenant pour le contenu). J'emploierai indifféremment ces dénominations.

### Analyse de M. Corenwinder.

| | |
|---|---:|
| Eau . . . . . . . . . . . . | 95,190 |
| Matières organiques, . . . . . . 3,299 ⎫ | |
| Ammoniaque . . . . . . . . 0,260 ⎬ | 3,559 |
| Potasse . . . . . . . . . 0,161 ⎫ | |
| Acide phosphorique . . . . . . 0,167 ⎬ | 1,251 [1] |
| Chlore, soude, chaux, etc. . . . . 0,923 ⎭ | |
| | 100,000 |

*Azote.*

| | |
|---|---:|
| De l'ammoniaque p. % . . . . . . . . | 0,214 |
| Des matières organiques p. % . . . . . . | 0,335 |
| P. % . . | 0,549 |

### Analyse de M. Girardin.

| | |
|---|---:|
| Eau . . . . . . . . . . . . | 95,100 |
| Matières organiques. . . . . . 2,579 ⎫ | |
| Ammoniaque . . . . . . . . 0,740 ⎬ | 3,319 |
| Potasse . . . . . . . . . 0,207 ⎫ | |
| Acide phosphorique . . . . . . 0,323 ⎬ | 1,581 |
| Chlore, soude, chaux, etc . . . . . 1,051 ⎭ | |
| | 100,000 |

*Azote.*

| | |
|---|---:|
| De l'ammoniaque p. % . . . . . . . . | 0,610 |
| Des matières organiques p. %. . . . . . | 0,259 |
| P. % . . | 0,869 |

---

1. La composition de ces cendres était la suivante en centièmes :

| | |
|---|---:|
| Acide sulfurique . . . . . . . . . . . | 4.079 |
| Potasse. . . . . . . . . . . . . . | 4.821 |
| Chlorure de potassium. . . . . . . | 12.730 |
| Chlorure de sodium . . . . . . | 16.393 |
| Acide phosphorique . . . . . . . . . | 13.349 |
| Chaux . . . . . . . . . . . . | 3.151 |
| Magnésie . . . . . . . . . . . | 5.963 |
| Silice, fer. etc . . . . . . . . . | 39.514 |
| | 100.000 |

Il ressort des chiffres comparatifs de ces analyses que les excréments des hommes nourris avec des légumes et du pain contiennent moins d'azote, de phosphates et de potasse que ceux des personnes qui consomment beaucoup de viande. La chose était assez probable, mais il y avait un certain intérêt à la démontrer expérimentalement.

On remarque que dans ces deux analyses, on a trouvé la même quantité d'eau. Cette coïncidence permet d'établir une comparaison qui ne laisse rien à désirer.

## III.

Dans une précédente communication, j'ai donné connaissance des expériences agricoles que j'ai faites en vue de déterminer approximativement la valeur fertilisante de l'engrais flamand.

La conséquence que j'ai pu en tirer : c'est que, dans la plupart des circonstances, 10 hectolitres de cet engrais équivalent à 100 kilog. tourteaux, à la condition que le premier pèse de 3 à 4° à l'aréomètre Baumé [1].

Il ne suffit pas évidemment d'observer, avec un aréomètre, la pesanteur spécifique d'un engrais humain pour connaître exactement sa valeur. Mais cette observation donne un degré d'approximation presque toujours suffisant dans la pratique et, dans tous les cas, il vaut mieux en faire usage que d'opérer au hasard.

J'ai fait en 1863, une nouvelle expérience agricole qui confirme ces premiers résultats :

Une pièce de terre bien homogène a été partagée en quatre parties égales. C'était une terre argilo-siliceuse, de consistance moyenne.

---

[1].— On compare souvent en chimie agricole les matières fertilisantes au fumier de ferme; mais celui-ci ayant une composition très-variable en raison de la quantité de paille qu'il contient et des excréments qui ont servi à le former, il me parait plus rationnel de prendre, comme terme de comparaison, les tourteaux, dont la richesse en matière azotée est plus constante.

Le 1er quart n'a pas reçu d'engrais ;

Le 2e quart a été fumé avec 30 hectolitres d'engrais flamand pesant de 3 à 4° Baumé ;

La 3e partie a reçu 300 kilog. tourteaux de colza ;

La 4e » » 100 kilog. guano du Pérou.

Chaque partie de terre était d'une contenance de cent verges (mesure du pays égalant 8 ares 86 centiares); il en résulte que la fumure par hectare était environ de :

    **1100** kilog Guano du Pérou ;
    330 hectolitres gadoue ;
    3300 kilog tourteaux de colza.

J'ai choisi ces quantités d'engrais, parce qu'elles se trouvaient dans le rapport des proportions d'azote qui m'ont été indiquées par l'analyse.

En effet l'engrais flamand étant celui dont j'ai fait connaître la composition plus haut, contenait 0 gr. 549 pour cent d'azote.

Dans le tourteau, j'ai trouvé 5,285 pour cent d'azote. Le guano en contenait 16 pour cent.

Il en résulte que la fumure d'un hectare renfermait :

    **176** kilog d'azote avec le guano ;
    **186** » » avec l'engrais flamand ;
    **174** » » avec les tourteaux.

La terre ayant reçu scrupuleusement les mêmes préparations, on a semé le même jour de la graine de betteraves de Silésie. Au mois d'octobre on a déterminé séparément le poids de betteraves obtenu sur chaque partie et l'on a constaté les résultats suivants : [1]

| NATURE DE L'ENGRAIS EMPLOYÉ. | RENDEMENT EN RACINES PAR HECTARE. |
|---|---|
| Sans engrais . . . . . . . . . . . . . . | 52,872 kil. |
| Guano . . . . . . . . . . . . . . . . . . | 58,143 » |
| Engrais flamand. . . . . . . . . . . . | 58,784 » |
| Tourteaux de colza. . . . . . . . . . | 59,509 » |

1 — J'ai fait cette expérience avec M. Jules Leperoq, cultivateur à Quesnoy-sur-Deûle.

Ces expériences font apprécier le service que MM. Boussingault et Payen ont rendu à l'agriculture, lorsqu'ils ont annoncé qu'on pouvait prendre dans la plupart des cas, pour base d'évaluation des engrais, leur teneur en azote. Par cette belle découverte, ils ont rendu les opérations agricoles aussi précises que celles que le chimiste effectue dans son laboratoire et ils ont mis le cultivateur instruit à l'abri des mécomptes et des déceptions. Le charme de la vie rurale ne peut que grandir par cette intervention de l'analyse qui élève l'agriculture pratique à la hauteur des sciences positives et la rend digne de la préoccupation des intelligences d'élite et des esprits délicats. (Note 1 et 2.)

## IV.

La composition de l'engrais flamand pouvant être très-variable, non-seulement par la nature des aliments ingérés, mais surtout par une addition d'eau, il est important de n'en faire usage qu'en estimant approximativement sa valeur à l'aide d'un aréomètre.

C'est ce qui a lieu déjà dans une localité agricole très-important, à Merville (arr. d'Hazebrouck). Là, depuis longtemps, la vente de l'engrais liquide s'opère en tenant compte de sa pesanteur spécifique.

Outre les vidanges que cette petite ville peut fournir aux cultivateurs des environs, ceux-ci en achètent encore une grande quantité qui leur vient de Saint-Omer, d'Aire et d'autres localités situées sur la Lys. Le transport de ces matières s'effectue à l'aide de bateaux plats, mais comme il n'est pas difficile aux importeurs d'allonger d'eau leur marchandise, de manière à nuire considérablement aux acheteurs, on a introduit l'usage de payer le chargement de ces bateaux à un prix proportionnel au poids spécifique. A cet effet on se sert d'un aréomètre Baumé modifié ainsi qu'il suit :

On sait que pour peser des liquides avec une certaine précision, on emploie des aréomètres Baumé dont les divisions sont assez espacées et souvent on partage l'espace compris entre ces divisions en cinq parties égales, de manière à obtenir des cinquièmes de degrés. L'aréomètre en usage à Merville et qui est construit par un opticien nommé Lesecq demeurant à la Gorgue (Nord), est un aréomètre Baumé dont les divisions en cinquièmes sont prises pour unité, c'est-à-dire que 1° (Baumé) correspond à 5° (Lesecq) ; 2° (Baumé) à 10° (Lesecq) ; 3 à 15 ; 4 à 20 etc. C'est ce dont on peut se rendre compte en examinant la figure en marge.

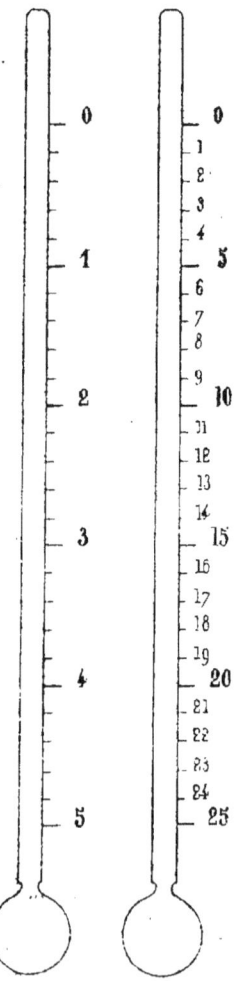

Ceci admis, voici comment se font les transactions : On vend l'engrais liquide sur la base d'une capacité de 20 hectolitres ou 2 mètres cubes (ce que l'on appelle dans le pays: un waggueux). On pèse le liquide avec l'aréomètre (Lesecq) et le prix coûtant du waggueux varie de 1 fr. à 1 fr. 25 par degré suivant l'abondance ou la rareté de la matière

Par exemple le prix, par degré, étant de 1 fr. et le liquide ayant 10° (Lesecq), le waggueux coûte 10 fr. ce qui met le mètre cube à 5 fr. ou l'hectolitre à 0 fr. 50.

Si le degré est 15, le waggueux coûte 15 fr., le mètre cube 7 fr. 50 et l'hectolitre 0 fr. 75 cent.

Au dessous de 10° l'engrais flamand n'est plus de vente facile à Merville. Les cultivateurs estiment qu'il ne vaut plus la peine d'être employé parce que les frais de manipulation s'appliquent à une matière de trop faible valeur.

En opérant ainsi les cultivateurs

de cette localité ont la satisfaction de connaître à peu près la valeur de l'engrais qu'ils emploient et ils se mettent à l'abri des mécomptes qu'éprouvent souvent ceux qui opèrent au hasard.

Sans doute il ne suffit pas de déterminer le poids spécifique d'un engrais liquide pour en apprécier avec rigueur la valeur fertilisante, puisque j'ai démontré précédemment que cette valeur dépend beaucoup des aliments ingérés, mais à défaut de moyen plus précis, l'exemple des Mervillois doit être suivi par les cultivateurs intelligents et soigneux de leurs intérêts.

## V.

[1] D'après les relevés officiels faits en 1843 par l'administration municipale de Lille, la quantité d'engrais humain fournie annuellement à l'agriculture par cette ville s'élevait, à cette époque, à 558,000 tonneaux. Ceux-ci ayant généralement une capacité de 130 litres, on exportait donc, tous les ans, de la ville de Lille, une quantité approximative de 725,000 hectolitres de vidanges [2]. En admettant que celles-ci pèsent en moyenne 2° Baumé, auquel cas on peut établir que 15 hectolitres équivalent à 100 kilog. tourteaux, il en résulte que cette exportation représentait la quantité importante de 4,836,000 kil. tourteaux ayant une valeur de fr. 725,000.

La gadoue est payée généralement à Lille à fr. 0. 30 le tonneau de 130 litres. Les habitants de cette ville vendent donc leurs excréments à l'agriculture moyennant un tribut annuel de fr. 167,400 qui profite aux pauvres gens et surtout aux domestiques.

---

[1] — Les développements qui vont suivre s'appliquent à l'ancienne circonscription de la ville de Lille, avant l'agrandissement.

[2] — Cette quantité paraîtrait exagérée si l'on ne savait pas que les domestiques versent beaucoup d'eau dans les fosses d'aisances des maisons.

Ainsi l'enlèvement des vidanges à Lille, au lieu d'être onéreux comme dans les autres villes, est au contraire une source de bénéfices qui a bien son importance. Le savant agronome Loiset de si regrettable mémoire, a dit, dans un rapport au conseil de salubrité de Lille, que l'hospice-général de cette ville a perçu annuellement et sur adjudication publique jusqu'à fr. 3,000 pour le produit de ses vidanges.

La population de Lille était en 1856 de 78.640 habitants, celle de Paris, la même année, était de 1,174,000. En admettant que les vidanges, par suite de circonstances pareilles, fussent amenées au même degré de dilution dans ces deux villes, on pourrait faire un calcul, un peu de fantaisie il est vrai, mais qui n'est pas sans intérêt.

De ce calcul et de cette hypothèse, il résulte qu'il sortait annuellement de la capitale vers cette époque, 10,835,000 hectolitres d'engrais humain représentant plus de 72,000,000 kilog de tourteaux ayant une valeur de 10,900,000 fr. [1]

Et si les cultivateurs des environs de Paris, convaincus de la puissance fertilisante de ces matières, arrivaient à en payer la valeur au même prix qu'on la paie à Lille, c'est-à-dire 30 centimes le tonneau de 130 litres, la capitale recevrait annuellement environ 2,500,000 fr. en retour de ses excréments, tandis qu'aujourd'hui le service de la vidange grève la population parisienne d'un impôt de 4 à 5,000,000 fr par an. [2]

Que l'on calcule maintenant ce que coûte à la France entière, à l'Europe, au monde lui-même, l'insouciance que l'on professe généralement pour des matières prédestinées par la nature à servir de nourriture aux végétaux. Que de landes fertilisées; que de terres améliorées; que de champs incultes seraient trans-

---

[1].— D'après M. Moll *(Assainissement des villes par la fertilisation des campagnes)*. la production à Lyon serait de 200,000 mètres cubes d'engrais flamand par an.
Population de Lyon en 1856 : — 293,000 habitants.

[2]. — M. Aristide Dumont.

formés en vertes campagnes ; si l'homme, obéissant à la loi naturelle, recueillait avec intelligence ces détritus organiques qui importent au soutien, au développement de l'espèce animale. Le progrès agricole résout le problème social qui agite les sociétés modernes ; en vain l'homme avide de bien-être, en vain le citoyen honnête qui rêve la félicité publique, chercheront-ils la solution de ce grand problème dans des théories contradictoires, dans des révolutions économiques qui déplacent souvent les convoitises sans les satisfaire? C'est dans l'agriculture seule qu'il faut chercher la source de tous les biens, c'est elle surtout dont la prospérité importe à la prospérité des empires. Mais n'oublions pas qu'en vain le soc de la charrue remuerait un sol stérile ; en vain le laboureur arroserait de ses sueurs ses champs ingrats et déshérités ; si nous ne les fertilisons pas avec les débris du règne animal qui sont appelés à parcourir de nouveau les cycles de la vie organique. Bannissons donc des aversions puériles, dominons des faiblesses qu'une éducation frivole développe en nous, surmontons des répugnances irréfléchies, recueillons avec sollicitude les matières animales pour les confier au sol et le sol enrichi nous donnera d'abondantes moissons.

## VI.

Dans mes précédentes communications, j'ai insisté sur les dangers qu'il y aurait pour celui qui cultive des terres fortes et argileuses à utiliser, à profusion, l'engrais flamand, surtout si on prétendait se passer de fumier afin de ne pas entretenir de bétail et si on n'appliquait pas de temps en temps à ses terres les amendements indispensables : tels que chaux, marnes, cendres etc. Un pareil système de culture serait fatalement voué à un insuccès dont l'engrais liquide ne pourrait être responsable.

Un cultivateur ne doit pas perdre de vue qu'avant toutes choses il importe de maintenir ses terres dans un état de porosité convenable. Il sait aussi que la proportion d'un engrais, quel qu'il soit, ne doit pas dépasser certaines limites, si on ne veut pas s'exposer à des mécomptes.

Dans l'arrondissement de Lille, surtout dans un rayon de cinq kilomètres de cette ville, on abuse souvent de l'engrais flamand; mais la plupart des cultivateurs y savent cependant qu'il est plus avantageux d'en user modérément, parce que des plantes nourries avec exagération perdent de leurs qualités propres, acquièrent des proportions excessives, absorbent des éléments contraires à leur nature, et leurs produits deviennent souvent d'une vente difficile.

Puisqu'on trouve dans l'arrondissement de Lille des limites qu'il ne faut pas dépasser, il m'a paru intéressant de faire connaître comment et en quelle proportion un cultivateur de cette localité, qui fait un usage constant de l'engrais humain, utilise cette précieuse matière fertilisante.

Je citerai pour exemple une petite exploitation de 10 hectares qui entretient six vaches et un cheval et dont la culture peut-être considérée comme très-intensive.

Le fermier va chercher à la ville, annuellement, 1200 tonneaux (de 130 litres) d'engrais humain, soit en totalité 1560 hectolitres.

En outre, son bétail lui donne par année 250 hectolitres de purin. C'est donc un total de 1810 hectolitres d'engrais liquide dont il peut disposer pour fumer ses 10 hectares de terres.

J'ai représenté dans le tableau suivant la manière dont ses terres étaient disposées en 1864 et la quantité de gadoue qui leur a été appliquée.

## Culture de 10 hectares.

| NATURE DES RÉCOLTES | QUANTITÉS de terres affectées à chaque récolte en hectares. | QUANTITÉS d'hectolitres d'engrais flamand pour cette pièce de terre. | PROPORTION d'engrais flamand par hectare (en hectolit.) | ENGRAIS SUPPLÉMENTAIRE par hectare. | RÉCOLTE PRÉCÉDENTE |
|---|---|---|---|---|---|
| Tabac. | 0,89 | 130 | 145 | 8,800 kilog. tourteaux, 50,000 kilog. fumier. | Blé |
| Betteraves, | 0,89 | 130 | 145 | Néant. | Tabac. |
| Blé. | 3,29 | Néant | Néant | Néant. | Betteraves. |
| Colza. | 0,35 | 130 | 370 | 40 à 45,000 k° fumier. | Blé |
| Betteraves. | 0,44 | 390 | 890 | Néant. | Colza. |
| Pomm. de t. | 0,35 | 160 | 460 | 50,000 kilog fumier. | Blé. |
| Lin. | 1,00 | 160 | 160 | Néant. | Blé. |
| Avoine. | 0,62 | Néant | Néant | Id. | Blé. |
| Trèfle. | 0,71 | id. | id. | Id. | Avoine |
| Hivernage | 0,27 | id. | id. | Id. | Avoine. |
| Paturage. | 1,06 | 470 | 450 | Id. | |
| Jardin et semis de tabac | 0,18 | 240 | » | Id. | |
| | 10,05 | 1810 | | | |

Les proportions d'engrais flamand employées ne sont pas absolument les mêmes chez tous les cultivateurs des environs de Lille. Elles varient, comme on peut le supposer, suivant la qualité de l'engrais que le cultivateur apprécie tant bien que mal, la proximité de la ville, la nature du sol, etc.

Afin de compléter les renseignements fournis par ce tableau, je vais entrer dans quelques détails sur chaque espèce de culture qui y est indiquée.

*Blé.* — Le blé ne reçoit généralement pas d'engrais lorsqu'il succède à une récolte sarclée qui a été fumée abondamment.

En ce cas, l'addition d'une nouvelle fumure serait plus nuisible qu'utile. Je sais bien que souvent, aux portes de Lille, on en verse au printemps une petite quantité sur les céréales, mais c'est une pratique dont on a rarement à se louer. Il arrive presque toujours, en opérant ainsi, que les tiges s'allongent, produisent beaucoup de feuilles et que la récolte est compromise par la verse. La maturité des épis éprouve aussi un retard dangereux ; on voit fréquemment ces blés encore verts, noirâtres, alors que la moisson est terminée en d'autres localités.

Cependant lorsqu'au printemps on s'aperçoit qu'un champ de blé présente des parties languissantes, il peut être quelquefois avantageux de les stimuler avec une faible proportion d'engrais flamand.

*Colza.* — La terre destinée à porter cette crucifère reçoit presque toujours du fumier avec l'engrais flamand. Le tout est enfoui par un labour avant la plantation du colza, qui a lieu en septembre. Quelquefois on ne verse l'engrais flamand qu'au printemps, sur les jeunes plantes au moment où elles vont se développer. Cette manière d'opérer est vicieuse, parce qu'elle entraîne l'obligation de traverser le champ avec des véhicules et de détruire ainsi beaucoup de plantes. Je crois aussi qu'en agissant de cette manière on n'obtient pas des graines aussi estimées qu'en fumant avant l'hiver.

*Tabac.* — Cette culture absorbe une quantité incroyable d'engrais dans l'arrondissement de Lille ; aussi permet-elle de récolter ensuite sur le même sol pendant plusieurs années sans aucune fumure [1]. La terre parfaitement nettoyée et purgée de

---

1. — Cette coutume traditionnelle d'appliquer l'engrais en une seule fois et d'en attendre l'effet pendant plusieurs années, prouve bien que le cultivateur a su apprécier depuis longtemps l'importance des arrière-fumures *(achter veete)*. Quoiqu'il ne connaisse pas les expériences qui démontrent cette loi, il n'ignore pas que dans les sols un peu consistants l'engrais n'éprouve pas de déperdition bien sensible, par l'action des agents météoriques, surtout lorsque l'assimilation par le sol date de quelque temps.

toutes mauvaises herbes est convenablement disposée pour produire d'abondantes récoltes. (Note 3).

Dans le tableau précédent on remarque qu'on n'a employé que 145 hectolitres d'engrais flamand par hectare pour fumer le tabac, et qu'on a ajouté en outre 8,800 kilog. tourteaux et du fumier.

Quelques cultivateurs qui ont beaucoup de gadoue à leur disposition en utilisent davantage pour le tabac. Il en est qui le fument avec ce liquide sans faire usage de tourteaux. Ils en appliquent en ce cas plus de 1,000 hectolitres qu'ils versent sur le champ, en plusieurs fois.

Cette proportion paraît exagérée et peut nuire à la qualité de la récolte. En général une fumure trop abondante d'engrais liquide, surtout si on ne l'a pas appliquée totalement en hiver, imprime à la végétation du tabac une vigueur qui se soutient pendant longtemps. Les feuilles mûrissent tardivement et la dessiccation en est difficile, particulièrement si le temps est humide au moment où se fait cette opération. De plus, l'administration, qui suit attentivement les opérations de la culture ne manque pas de trouver à ce tabac des défauts qui le déprécient beaucoup à ses yeux. Néanmoins, il y a des planteurs près de Lille qui persistent à n'employer que des tonneaux comme fumure de leurs tabacs, simultanément avec du fumier ; leur récolte est moins bien payée que celle des cultivateurs qui ne graissent qu'avec des tourteaux, mais en fin de compte ils ont plus de profits parce que leurs dépenses ont été moindres. (Note 4).

Entre ces deux extrêmes, il y a un terme moyen qui pourrait, il me semble, satisfaire à bien des exigences, ce serait de fumer un hectare destiné au tabac avec les doses suivantes, en outre du fumier :

600 hectolitres d'engrais flamand (40 tonneaux au cent de terre environ); — 5,000 kilog. tourteaux.

Cette forte fumure serait l'équivalent de 9 à 10,000 kil. tourteaux, quantité utilisée par les planteurs qui n'ont pas d'engrais flamand à leur disposition. J'ai lieu de penser qu'elle donnerait de bons tabacs, à condition que l'engrais liquide fût appliqué au sol pendant l'hiver. Elle permettrait déjà de mettre à profit d'énormes proportions d'engrais humain et d'en utiliser beaucoup à proximité des grandes villes où la culture du tabac devrait être permise, en vue de cette utilisation. L'administration y trouverait des inconvénients, mais il ne faut pas oublier que les administrations ne sont pas faites pour entraver le progrès.

*Betteraves.* — Dans le tableau précédent on voit que l'on utilise quelquefois de l'engrais flamand pour des betteraves qui succèdent à du tabac. C'est un moyen infaillible pour en avoir de mauvaises. Déjà après le tabac qui reçoit une quantité de fumure excessive, il reste dans le sol assez d'arrière-fumure pour obtenir une forte récolte de betteraves Ajouter encore de l'engrais c'est s'exposer à en produire de fort grosses, bouteuses, pauvres en sucre, surtout si l'espèce n'en est pas bien choisie.

La quantité de 890 hectolitres gadoue employée pour la betterave qui succède au colza est très-élevée et donne une récolte abondante, de mauvaise qualité; et cependant aux portes de Lille, cette quantité est souvent dépassée. Aussi les fabricants de sucre agissent-ils sagement en n'achetant de pareilles betteraves qu'après examen de leur qualité et proportionnellement à leur richesse saccharine.

D'après mes expériences personnelles, pour obtenir de bonnes betteraves, il ne faut pas dépasser la quantité de 330 hectolitres d'engrais flamand par hectare, surtout si l'on emploie en outre du fumier. Je repète encore qu'il convient d'appliquer l'engrais en hiver ou au commencement du printemps. On peut toutefois en réserver une petite quantité pour la jeter sur la terre après la semaille, ce qui facilite beaucoup la levée de la graine et active le développement des feuilles primordiales.

En répétant ce que tout le monde sait, qu'il y a des inconvénients à fumer les betteraves avec une forte dose d'engrais liquide, je ne fais pas le procès à cette matière fertilisante. Une proportion exagérée de tout autre engrais pourrait nuire également à la qualité de ces racines. Il y a des limites qu'il ne faut pas depasser dans l'emploi des agents fertilisants. Ces limites varient suivant la constitution du sol, la nature des produits qu'on prétend obtenir, et l'emploi auquel ils sont destinés.

La récolte qui répond à de si copieuses avances en engrais est, comme on le pense bien, fort satisfaisante ; d'autant plus que le sol des environs de Lille a, depuis un temps immémorial, une fertilité que les coutumes rurales entretiennent avec beaucoup de succès.

*Pommes de terre.* — Autrefois on avait l'habitude de verser l'engrais flamand en abondance entre les lignes de pommes de terre après leur plantation et avant de les *baucher*.

Depuis la maladie de ces tubercules on a reconnu qu'il valait mieux arroser la terre avec cet engrais longtemps avant de planter.

*Lin.* — Pour cette plante il faut appliquer l'engrais liquide en hiver, plutôt avant le mois de janvier qu'après, surtout si l'on doit la semer dans un sol consistant.

## VII.

De ce qui précède on peut conclure qu'une révolution serait accomplie en agriculture, si on utilisait partout les excréments de l'homme pour la fertilisation des terres. Mais pour que cette heureuse application puisse s'étendre, il faut recueillir ces matières avec soin et les distribuer sur le sol d'une manière convenable.

Pour recueillir les vidanges, il convient nécessairement d'avoir dans chaque demeure de bonnes citernes bien étanches, afin d'éviter les infiltrations et pour que le cultivateur ou des entrepreneurs spéciaux puissent en prendre livraison en temps opportun. Les Anglais, qui mettent souvent la dignité humaine où elle 'a que faire, prétendent qu'il est honteux de conserver dans son logis d'aussi vilaines choses et ils font couler leurs excréments à la mer à l'aide d'une distribution de tuyaux placés dans le sol. Ce procédé est expéditif évidemment, mais il n'est pas plus sage.

On a beaucoup parlé dans ces derniers temps du moyen de distribuer l'engrais liquide à l'aide de tuyaux qui permettent de le verser à distance sur les terres qu'on veut fertiliser. Ce système d'épandage a été mis en application près de Paris par un agronome éminent. Il présente certainement de grands avantages puisqu'il économise beaucoup de main-d'œuvre et qu'il permet d'arroser les terres en toutes saisons, même par un temps humide alors qu'il y aurait de graves inconvénients à envoyer ses attelages sur les champs.

Les expériences poursuivies par M. Moll ont confirmé ce que l'on savait depuis longtemps en Flandre : c'est qu'il n'est pas possible d'utiliser l'engrais flamand en proportion exagérée surtout quand on a affaire à des terres collantes. Si l'on en verse même en proportion restreinte sur un sol destiné à produire une céréale, il arrive presque toujours que la récolte se développe avec un luxe de végétation nuisible qui la fait verser, lorsqu'elle a atteint une certaine hauteur.

Il importe en tous cas d'appliquer l'engrais liquide à la culture d'une plante sarclée qui doit précéder la céréale et de ne pas fumer celle-ci. L'arrière-fumure lui suffit amplement. Sur de vieux engrais les graminées se développent avec plus de régularité. Toutes les parties du végétal prennent un accroissement normal et pour ainsi dire simultané. Les tiges ne courent pas le risque de verser et la récolte est abondante.

Il convient d'ajouter aussi que l'on s'exposerait à de graves mécomptes si l'on voulait fertiliser ses terres exclusivement avec de l'engrais liquide et en utiliser une proportion considérable. Il est nécessaire, surtout si les champs qu'on exploite sont de nature plastique et argileuse, de leur appliquer, en temps voulu, des fumiers.

Le système tubulaire peut avoir sa raison d'être quand on dirige une exploitation considérable et dont les subdivisions sont réunies dans une même circonscription. Mais dans la petite culture et dans un pays de morcellement, il ne pourrait pas être appliqué.

La manière dont nos cultivateurs du Nord emploient l'engrais flamand est très-simple et peut-être imitée partout. Ils reviennent de la ville presque tous les matins avec un chariot chargé généralement de dix à douze tonneaux de matières fécales. Ces tonneaux jaugent ordinairement 130 litres. Si le moment est favorable, ils se rendent sur le champ qui doit recevoir l'engrais et le répandent immédiatement; si, au contraire, la saison n'est pas convenable, ils le mettent en dépôt dans des citernes en maçonnerie qui sont construites, pour cet usage, au bord d'une route empierrée et à proximité de leurs champs.

Ces citernes ont une capacité variable suivant l'importance de l'exploitation. Elles ont généralement une ouverture au nord dans le pignon et d'autres sur la longueur de la voûte, pour verser la matière. Ces ouvertures doivent être hermétiquement fermées afin qu'aucune odeur ne s'exhale au dehors. En outre, la voûte est couverte de terre gazonnée dans laquelle on plante souvent des arbustes afin de dissimuler la chose aux passants. Quand le cultivateur veut y puiser l'engrais, il le fait transvaser dans des tonneaux à l'aide d'une pompe, et on le transporte ensuite sur le champ qui doit le recevoir. (Note 6).

Le prix coutant de ces citernes varie nécessairement suivant leur capacité. C'est une dépense première de toute nécessité, mais qui procure de bien grands profits.

La conservation de l'engrais humain n'implique donc aucun danger pour la salubrité publique et le mode employé dans le Nord a bien moins d'inconvenients que celui qui est mis en usage à Paris et dans d'autres grandes villes.

En effet, que l'on compare ce procédé si simple à celui qui consiste à transformer les matières fécales en poudrette tel qu'on le fait aux environs de Paris et l'on sera forcé d'avouer que la pratique du Nord est bien plus rationnelle. Voici comment cette opération est décrite par M. Girardin dans son excellent Traité des fumiers et autres engrais animaux :

« *Poudrette*. — Dans les grands centres de population, no-
» tamment à Paris, à Rouen, etc., on traite les matières fécales
» par un procédé qui est en opposition avec les plus simples
» notions de la science, de l'hygiène et de l'économie.

» On les convertit en poudrette. Voici, en peu de mots, com-
» ment on opère :

» On transporte, dans de vastes bassins creusés en terre,
» les matières extraites des fosses par les entrepreneurs de vi-
» danges ; les bassins peu profonds, mais très-larges, sont
» disposés en étages, de manière qu'ils puissent déverser les
» produits les uns dans les autres. Les matières étant déposées
» dans le bassin supérieur, on fait écouler la partie liquide dans
» celui qui est immédiatement en-dessous, aussitôt que les
» parties solides se sont déposées ; on opère de même pour le
» second bassin, dont les liquides s'épanchent plus tard dans le

» troisième et ainsi de suite. Les dernières eaux vont se perdre
» dans des égouts, dans un cours d'eau, ou dans des puits arté-
» siens absorbants. En opérant ainsi, il ne reste plus dans les
» bassins que des matières pâteuses, que l'on enlève avec
» des dragues, pour les placer sur un terrain battu disposé en
» dos d'âne, où, à mesure qu'elles se sèchent, on les retourne
» à la pelle pour favoriser la dessiccation. Celle-ci ne dure pas
» moins de quatre à six ans, selon les saisons. C'est alors une
» poudre brune qu'on emmagasine sous des hangars.

» La fabrication de la poudrette, qui est fort simple, entraîne
» de grands inconvénients et des pertes énormes en substances
» utiles. Pendant la durée de la dessiccation, toute la masse est
» en proie à une fermentation qui développe les émanations les
» plus infectes jusqu'à plusieurs kilomètres de distance, et qui
» détruit en pure perte pour l'agriculture la majeure partie des
» substances organiques qui auraient pu concourir à la nutrition
» des plantes. Ces substances organiques sont converties en sels
» ammoniacaux que la vapeur d'eau entraîne avec elle. D'un
» autre côté, on se prive de la moitié au moins de la valeur de
» l'engrais en perdant, sous le nom d'*eaux vannes*, tous les
» liquides, c'est-à-dire les urines et les eaux chargées de toutes
» les substances salines solubles. »

D'après la comparaison que je viens d'établir entre les deux
systèmes de conservation des engrais liquides, n'est-il pas ma-
nifeste que celui qui est usité dans le Nord est bien préférable
et qu'il devrait être utilisé partout. Il est à désirer au moins
qu'on en fasse l'essai dans le voisinage des grandes villes. Sous
l'impulsion de l'administration municipale de Paris, les compa-
gnies qui ont l'entreprise des vidanges de la capitale ne pour-
raient-elles pas faire construire, le long des canaux ou des
routes peu fréquentées, un certain nombre de citernes pour y
emmagasiner les matières fécales qu'on y transporterait par
bateaux, par chariots et peut-être même par chemin de fer. Ces

matières seraient offertes à un prix modique aux cultivateurs ; et il n'est pas douteux qu'un grand nombre d'entre eux seraient satisfaits d'avoir à leur disposition des substances fertilisantes, d'une efficacité certaine, et qu'ils en feraient bientôt un usage régulier. Les sociétés d'agriculture qui prennent fréquemment l'initiative des choses utiles ne rendraient-elles pas un service signalé en donnant des récompenses aux cultivateurs qui auraient fait avec cet engrais des expériences démonstratives. En un mot, dans l'intérêt de l'agriculture, qui est celui de la société entière, que l'attention des hommes de bien se porte sur cette question des engrais des villes et un immense progrès sera accompli dans les forces productives de la France.

## VIII.

L'Agriculture de la Flandre française a atteint depuis longtemps une perfection inconnue en d'autres contrées. Cet état de choses est dû, non-seulement à l'activité et à l'intelligence des habitants de ce pays, mais encore aux franchises libérales dont ils ont constamment joui. La prospérité de la culture est intimement liée à la liberté d'un peuple et à cette initiative féconde qui émane de l'amour du sol et du sentiment de la propriété. Le rêve du paysan des Flandres : c'est l'indépendance qu'il acquiert par le travail. Elle satisfait sa dignité, elle lui inspire le désir de bien faire.

Ce qui frappe les regards du voyageur qui parcourt nos plaines fécondes, c'est la multiplicité des produits du sol, c'est la variété des cultures. La terre soumise à un système d'assolement perfectionné acquiert une fertilité inconnue ailleurs.

Ce n'est pas d'hier que cette heureuse situation existe. La culture des plantes sarclées est connue en Flandre depuis un temps immémorial. A l'époque des Romains, ce pays était réputé déjà pour la beauté de ses champs de lin. Depuis longtemps le colza, l'œillette, le navet, etc., se succédaient dans une rotation intelligente, lorsqu'on fit du bruit à propos de ce fameux assolement de Norfolk qui fut assimilé à une découverte.

Les progrès de la science moderne ont eu peu de retentissement dans les communes rurales de notre arrondissement de Lille, parce qu'une longue pratique avait enseigné au laboureur les préceptes de l'art. L'observation attentive des faits, qui n'est que la science elle-même, avait déjà révélé à l'homme des champs ces fécondantes manipulations du sol qui l'ameublissent, approfondissent la couche de terre arable et donnent un écoulement facilement à l'eau surabondante.

Le laboureur a dû s'apercevoir bientôt que ces façons énergiques, auxquelles il soumettait ses terres, exigeaient de vigoureuses fumures pour réparer l'épuisement occasionné par de riches récoltes. De là cette habitude de conserver avec soin les matières animales, les fumiers, les excréments humains et de faire en matières fertilisantes des dépenses qui effraient les cultivateurs des autres pays.

Cette précieuse entente du ménage des champs a non-seulement engendré l'aisance dans nos campagnes fertiles, elle a développé aussi le bien-être dans toutes les classes de la société rurale et fourni une vaste carrière à leur activité.

Le nombre d'exploitations agricoles de l'arrondissement de Lille s'élève environ à 25000, en comptant les cultivateurs qui agissent comme propriétaires ou comme occupeurs.

On ne compte guère de fermes de plus de 100 hectares dirigées par une seule personne et on évalue à 54 pour cent le nombre d'occupations inférieures à 5 hectares.

Cet extrême morcellement du sol n'est pas, quoi qu'on dise, nuisible ni à l'intérêt public, ni à l'intérêt particulier. On pourrait citer un grand nombre de petits occupeurs qui n'exploitent que deux ou trois hectares et qui ont su acquérir une position aisée. Ils n'arrivent à de si heureux résultats que par des cultures intensives de plantes industrielles qui produisent un revenu brut très-élevé, et s'ils ne ménagent pas les engrais, ils prodiguent davantage encore les fatigues, les soins et une ardente activité.

C'est surtout au retour d'une excursion dans certaines contrées de l'ouest et du midi de la France, que le voyageur flamand est frappé d'étonnement en revoyant ses fertiles campagnes. Le regard est agréablement surpris de tant de richesses : ce ne sont plus de chétives céréales, étouffées sous les fleurs du coquelicot et du bluet, des lins avortés ; de maigres prairies ; du bétail décharné ; ici les champs présentent l'aspect d'une végétation magnifique, les lins, purs de toutes mauvaises herbes, ondoient comme un tapis de velours sous le souffle de la brise ; les betteraves couvrent la terre de leurs feuilles verdoyantes ; les œillettes font éclater leurs corolles dans les rayons du soleil ; les tabacs rappellent le climat des tropiques ; les blés, les avoines étalent majestueusement leurs nombreux épis. Ce n'est pas sans un légitime sentiment d'orgueil qu'on revoit une telle patrie.

Je sais qu'ailleurs il serait difficile d'atteindre cet état de perfection. Je sais que dans les Landes, par exemple, le tuf ou l'alios oppose un obstacle presque infranchissable à la mise en culture des terres. Je n'ignore pas qu'en d'autres lieux, le manque de bras énerve toute entreprise ; mais je puis affirmer néanmoins que ces obstacles ne sont pas aussi redoutables que l'ignorance, l'avarice et la paresse.

Je suis persuadé, par exemple, que de grands progrès s'accompliraient partout si l'on mettait plus de soin dans la conservation des engrais animaux et particulièrement de celui qui provient de l'espèce humaine. J'ai démontré antérieurement que celui-ci convient à tous les sols et qu'il suffit d'en faire usage avec discernement pour en obtenir les meilleurs effets.

J'ai eu un exemple, l'an dernier, des bons résultats obtenus avec l'engrais flamand dans une localité située sur les frontières d'Espagne. Je parcourais un pays charmant entrecoupé de collines sur lesquelles végétaient des chênes taillés en têtards. Le sol était couvert d'une végétation luxuriante de fougères attestant qu'il n'etait pas dépourvu de toute fertilité. En poursuivant ma route, j'entrai dans un vallon où l'on avait construit une manufacture et quelques habitations. Je ne fus pas médiocrement surpris en apercevant dans le terrain d'alentour un jardin bien entretenu, dans lequel la pomme de terre, les pois et d'autres légumes poussaient avec une vigueur incomparable.

Comment avait-on obtenu d'aussi beaux résultats dans une lande qui ne produisait que des herbes à peu près inutiles? Je l'appris bientôt. Ce jardin était cultivé par des préposés intelligénts de la douane; ils avaient arraché la fougère, défriché la lande, et ils entretenaient la fertilité naturelle d'un sol vierge, en le fumant exclusivement avec leurs propres excréments. Ces petits cultivateurs n'avaient aucun bétail et l'on sait que les employés subalternes du fisc ne sont pas assez riches pour acheter des engrais.

L'habitation de ces employés est dépourvue de citernes à engrais humain; cette négligence est générale dans le midi et bien ailleurs. Ils conservent donc cette précieuse matière par un procédé simple et qu'on peut imiter partout. Un grand trou est creusé en terre ; le fond en est couvert avec de l'argile et une couche épaisse de fougère. Tous les jours on y apporte l'excédant de la digestion et on le mélange aussitôt avec de la terre et des débris de végétaux. Le trou plein, on le couvre pour se servir de ce riche terreau au moment convenable. On peut répéter évidemment cette opération sur un autre point et remplir ainsi successivement plusieurs fosses.

Des considérations qui précèdent et pour bien des raisons encore, je conclus que la petite culture intensive est aussi favorable que tout autre mode d'exploitation du sol à l'emploi des agents fertilisants, par conséquent à la prospérité de l'Agriculture. Cette opinion souffre des exceptions, sans doute, et rencontre des incrédules. Quiconque veut s'éclairer à cet égard doit visiter notre culture flamande si belle, si supérieure à celle de tous les pays du monde.

Ici tout ouvrier des champs honnête et laborieux parvient facilement à la condition de fermier s'il a de l'énergie dans le caractère et quelque capacité. Qu'il n'épargne ni fatigues ni sueurs ; qu'il sache résister aux entraînements du vice ; il est bien rare que le succès ne vienne pas couronner ses efforts. Ses terres améliorées lui procurent d'abondantes moissons. Il vit dans la sobriété, dans la privation même, mais il est indépendant, il jouit de l'estime publique et il donne à ses enfants le salutaire exemple du travail, de l'ordre et de l'économie.

# NOTES.

### Note 1re.

D'après les résultats de cette expérience, on voit que la partie de terre qui n'avait pas reçu d'engrais a donné néanmoins une récolte abondante.

Ce fait démontre que, dans nos terres argilo-silceuses, les matières fertilisantes se conservent fort longtemps. Nos cultivateurs savent cela et ils disent que la terre doit manger l'engrais avant que de le transmettre aux végétaux. En langage scientifique nous disons, ce qui est la même chose, que le sol doit faire subir une élaboration aux matières fertilisantes avant qu'elles puissent servir à la nutrition des plantes.

Aussi, lorsqu'un fermier s'attend à être renvoyé par son propriétaire ou que celui-ci lui impose des conditions onéreuses pour la reprise d'un bail, il s'y prend au moins trois années d'avance pour dégraisser la terre qu'il occupe; c'est-à-dire que, pendant cet intervalle, il cultive des plantes épuisantes et il n'emploie pas d'engrais. Son successeur doit ensuite fumer cette terre pendant plusieurs années avant de lui rendre la fertilité qu'elle a perdue. Cet état de choses est nuisible à l'intérêt public et il serait à désirer qu'un bon code rural vînt assurer au locataire d'un champ la propriété légitime des avances qu'il a faites pour le fertiliser; c'est-à-dire, qu'à fin de bail il fût indemnisé des engrais qu'il laisse dans la terre qu'il quitte. Cette évaluation n'est pas impossible et elle se fait toutes les fois qu'un propriétaire plus honnête que les autres et plus intelligent veut bien consentir à donner le droit d'*amendices* à son fermier.

### Note 2.

On a fait l'analyse de ces betteraves au point de vue du sucre et on a trouvé qu'elles en contenaient les proportions suivantes :

| Désignation des engrais. | Quantités par hectare. | Rendement en betteraves par hectare. | Quantités de sucre du poids de la betterave. | Densité du jus. |
|---|---|---|---|---|
| 1863. Sans engrais....... | » | 52872 k. | 10.09 | 1048 |
| — Engrais flamand... | 330 hect. | 58784 | 9.73 | 1046 |
| — Tourteaux de colza. | 3300 kil. | 59509 | 9.53 | 1045 |
| — Guano... ...... .. | 1100 kil. | 58143 | 8.80 | 1045 |

De la comparaison de ces analyses il résulte que ce sont les betteraves qui n'ont pas eu d'engrais dans l'année qui ont eu le plus de richesse saccharine. Ce fait a été constaté bien des fois. Le guano a donné les betteraves les plus médiocres.

La richesse saccharine des betteraves fumées avec des tourteaux a été sensiblement la même que celle des betteraves fumées avec l'engrais flamand. J'ai déjà eu l'occasion de constater des faits de ce genre. L'engrais flamand n'est nuisible aux betteraves que quand on le leur applique, en été, pendant le cours de la végétation.

En ce cas, elles mûrissent tardivement, acquièrent des proportions exagérées et ont peu de densité.

## Note 3.

Dans plusieurs cantons de l'arrondissement de Lille le tabac figure en tête d'un assolement qui dure sept à huit ans et qui est souvent établi comme suit :

1° Tabac, avec 50 000 k. fumier et 10 000 k. tourteaux par hectare ;
2° Colza, betteraves ou pommes de terre (sans engrais) ;
3° Blé (sans engrais) ;
4° Trèfle,   id.;
5° Blé (fumé avec 1100 k. tourteaux à l'hectare ;
6° Lin,    id.    id.    id.;
7° Blé (sans engrais) ;
8° Avoine, id.

Souvent, après l'avoine, on obtient encore une récolte d'hivernage (sans engrais). Nous appelons hivernage, un mélange de seigle et de vesces ou de lentilles destiné à la nourriture des chevaux.

Dans l'intérieur de la France, et ailleurs, on ne veut pas croire que nous puissions faire des avances à nos terres comme celles que nous leur faisons pour le tabac. C'est bien exact cependant et nous nous en trouvons bien. Cette culture, qui s'exécute avec un soin extrême, est la meilleure préparation aux récoltes suivantes. Elle purge la terre de ses mauvaises herbes par les sarclages qu'elle nécessite et quand elle est suivie d'une sole de betteraves, on obtient ensuite un blé raide, vigoureux, qui donne des épis en abondance et du grain fort estimé.

L'assolement ci-dessus est spécial aux terres éloignées des lieux de production de l'engrais flamand ou qui sont desservies par de mauvais chemins. Près de la ville, les tourteaux sont remplacés en tout ou en partie par de l'engrais flamand, dans la proportion de 13 à 14 hectolitres de celui-ci pour 100 k. tourteaux.

## Note 4.

Autrefois on *apâtelait* le tabac, c'est-à-dire qu'on pratiquait un trou près de chaque plante, dans lequel on versait de l'engrais flamand. Cette coutume, encore usitée dans quelques localités, est abandonnée généralement dans l'arrondissement de Lille. Elle est vicieuse, parcequ'elle imprime aux feuilles une vigueur qui les fait végéter au-delà de l'époque où doit se faire la récolte; elle nuit aussi à la qualité du tabac. C'est cette manière d'opérer qui a donné naissance aux préventions qu'inspire encore l'emploi des excréments humains pour la culture de cette plante, préventions qui n'auraient pas existé si on avait toujours appliqué l'engrais liquide en hiver ou au moins quelque temps avant de repiquer cette solanée.

## Note 5.

On doit bien penser qu'en faisant à la terre d'aussi copieuses avances, les cultivateurs qui utilisent tant d'engrais liquides obtiennent d'abondantes récoltes et ils seraient sans doute bien payés de leurs peines s'il ne survenait pas chez nous, comme ailleurs, des circonstances qui neutralisent les plus intelligentes combinaisons.

Il n'est pas rare que nos cultivateurs, dans les années favorables, retirent d'un hectare de terre les quantités de récoltes suivantes :

| | |
|---|---|
| Tabac................ | 3000 à 3500 kilog.; |
| Betteraves............ | 70 à 80000 kilog.; |
| Blé.................. | 30 à 40 hectolitres; |
| Avoine............... | 80 à 90 id.: |
| Lin.................. | 6000 k. brut et de la graine; |
| Colza................ | 30 à 40 hectolitres; |
| Œillettes............. | 30 à 40 id.; |
| Pommes de terre....... | 20 à 30000 kil.; |
| Hivernage............ | 12 à 15000 kil. |

Ces exemples doivent donner à réfléchir aux hommes qui exploitent le sol dans d'autres pays et leur apprendre à ne rien dédaigner de ce qui peut contribuer à augmenter la fertilité de la terre. Je sais bien qu'en beaucoup de localités, le manque de bras, la difficulté de se procurer des engrais, la nature du fonds, etc., sont des obstacles sérieux au progrès agricole; mais je suis persuadé aussi que l'incurie de l'homme est souvent plus nuisible encore et qu'avec un peu d'effort et d'énergie on verrait disparaître bien des entraves auxquels l'indolence et l'avarice donnent des proportions exagérées.

## Note 6.

Pour répandre l'engrais liquide sur les champs, quelques cultivateurs se servent d'un tonneau arrosoir conduit par un cheval; mais c'est l'exception. Ils préfèrent employer le vieux système d'épandage qui se pratique ainsi :

Cet engrais étant conduit sur le champ à l'aide d'un chariot, on le vide successivement dans un tonneau défoncé ou dans une cuve. L'ouvrier y puise le liquide avec une cuiller en bois fixée à l'extrémité d'une longue perche et il le lance régulièrement autour de lui jusqu'à une distance de six à sept mètres. On transporte ainsi successivement le tonneau défoncé à des points de repère calculés d'avance et autour desquels on continue l'aspersion. Nos ouvriers ruraux sont si habiles dans cette opération qu'ils ne manquent jamais de prendre leurs mesures de telle sorte que la surface du champ soit arrosée avec une parfaite régularité.

Nos cultivateurs préfèrent généralement ce vieux système d'aspersion, quoiqu'il soit moins expéditif, à celui qui consiste à employer des tonneaux arrosoirs, parce qu'il leur permet d'engraisser leur sol d'une manière uniforme. On conçoit qu'il donne la faculté de verser plus d'engrais liquide sur les parties du champ qui en demandent davantage et qui ont paru moins fertiles lors de la récolte précédente.

## Note 7.

Dans un rapport remarquable fait au Conseil de salubrité de la ville de Lille en l'année 1843, l'agronome Loiset a combattu victorieusement la déplorable disposition législative qui comprend les caves à engrais dans la première classe des établissements insalubres

Ses réclamations n'avaient pas tant en vue l'intérêt agricole de l'arrondissement de Lille que celui des autres contrées de la France, car le Conseil de salubrité de cette ville est trop éclairé pour ne pas émettre un avis favorable à toutes les demandes faites par les cultivateurs à l'effet d'obtenir l'autorisation de construire une citerne à engrais flamand.

Il est bien rare même que des oppositions soient faites contre ces établissements, à moins que les solliciteurs ne veuillent les fonder trop à proximité des habitations.

Comme les arguments de Loiset n'ont pas perdu de leur opportunité aujourd'hui, je me fais un plaisir de les reproduire.

C'est, du reste, un hommage rendu à la mémoire d'un homme qui fut pénétré toute sa vie de l'amour du bien public :

« C'est particulièrement l'assimilation des citernes à engrais à la première classe des établissements incommodes ou insalubres, qui est de nature à retarder l'emploi de l'engrais flamand. Non-seulement les longues et dispendieuses formalités que les affaires de cette catégorie ont à subir sont onéreuses et fatigantes pour les cultivateurs, mais elles ont de plus le grave inconvénient de faire surgir de nombreuses oppositions partout où ces sortes d'établissements ne sont pas anciennement connus et n'y ont pas acquis pour ainsi dire un droit de cité. Il en résulte que pour la création d'une simple annexe d'exploitation, on a à triompher des mêmes difficultés que s'il s'agissait de la translation du clos si célèbre qui sert de réceptacle aux vidanges de Paris.

» Vainement objecterait-on que les citernes à engrais rentrent nécessairement, d'après la législation en vigueur, dans les dépôts provenant des vidanges. Nous avons démontré que les principales conditions de leur existence ne présentent aucune similitude avec ces derniers; que, dans un cas, les substances tout-à-fait liquides sont retenues en repos et en petites quantités dans des espaces clos et frais, d'où elles ne laissent exhaler que peu d'odeur et à une faible distance ; tandis que, dans l'autre cas, réunies à l'état demi-solide, en plein air et par masses considérables, subissant d'ailleurs diverses manipulations, elles répandent au loin des émanations fétides et insupportables. »

## Note 8.

L'engrais flamand est fort recherché par nos cultivateurs du Nord, parce qu'il est moins coûteux, en général, que les tourteaux, pour ceux qui ne sont pas trop éloignés de la ville.

En effet, un tonneau de 130 à 140 litres coûte de 30 à 40 centimes pris au logis des habitants. Arrivé sur le champ qu'il doit fertiliser, il acquiert une valeur dépendante des frais de transport, de citernage, d'épandage, etc. Pour beaucoup de cultivateurs, dont l'exploitation n'est pas trop éloignée, le prix du tonneau ne dépasse pas un franc, tout travail effectué.

Or on peut admettre que dix tonneaux de 130 à 140 litres équivalent à 100 kilog. tourteaux de colza, s'ils n'ont pas été trop allongés d'eau ; s'ils pèsent environ deux degrés Beaumé.

Dix tonneaux coûtent donc 10 fr., et le prix ordinaire de 100 kilog. tourteaux est de 15 fr. Il y a conséquemment un grand avantage à utiliser les premiers de préférence aux derniers. Aussi l'empressement est-il grand pour se procurer de l'engrais liquide.

Il est vrai que l'on estime généralement qu'il reste plus d'arrière-fumure après la récolte dans un sol fumé avec des tourteaux que dans celui qui a été fertilisé avec des tonneaux. Nonobstant cette circonstance, qui peut être vraie pour certaines terres, le praticien donne toujours la préférence à l'engrais flamand.

Lille-Imp. L Danel

www.ingramcontent.com/pod-product-compliance
Lightning Source LLC
Chambersburg PA
CBHW060516050426
42451CB00009B/1022